Heike Tenta

Sprechen, Klatschen, Singen

ALS VERLAG

Herausgeber: Kreide, Dietzenbach
Idee und Gesamtkonzept: Heike Tenta, Ursberg-Mindelzell
Fotos und Lieder: Werner Tenta; Notensatz Sr. Cäcilia, Ursberg
Satz, Repro und Druck: ALS-Verlag GmbH, Dietzenbach
Bestell-Nr. 29.815 – ALS-Studio-Reihe 815
ISBN 978-3-89135-175-8

Bibliografische Information der Deutschen Nationalbibliothek
Die Deutsche Nationalbibliothek verzeichnet diese Publikation in der Deutschen Nationalbibliografie; detaillierte bibliografische Daten sind im Internet über <http://dnb.d-nb.de> abrufbar.

Allgemeiner Lehrer-Service
ALS-Verlag GmbH
Postfach 14 40
63114 Dietzenbach

Tel.: 0 60 74/82 16-0
Fax: 0 60 74/82 16-75
E-Mail: info@als-verlag.de
www.als-verlag.de

VORWORT

Musik liegt in der Luft! Sie möchten mit den Kindern spielerisch in die Welt der Töne und Klänge eintauchen? Mit den in diesem Buch vorgestellten Ideen und Vorschlägen gelingt das garantiert. Die Kinder erleben Rhythmus und Bewegung mit allen Sinnen und erfahren dabei Spaß am Singen, Tanzen, Sprechen und Reimen. Die Inhalte sollen aber auch Erwachsene ermutigen, sich diesem Thema zu nähern, selbst wenn diese die Notenschrift nicht perfekt beherrschen, sie kein Instrument spielen oder denken, dass ihre Gesangsstimme nicht für den Einsatz in der Öffentlichkeit ausreicht.

Wer sich mit Musik und Rhythmus beschäftigt, erkennt, dass es sich dabei um ganzheitliche Erfahrungswelten handelt, die eng mit Bewegung und Sprache verknüpft sind und die sehr viel Raum für Experimente lassen.

Die musikalische Frühförderung unterstützt die Gesamtentwicklung der Kinder entscheidend, da viele schöpferische Kräfte angesprochen werden. Die frühe Beschäftigung mit rhythmischen und musikalischen Inhalten wie Singen, Tanzen, Musik erleben oder elementare Erfahrungen mit Instrumenten fördern die Kinder in ihrer Gesamtentwicklung und bereiten sie optimal auf viele weitere Lerninhalte vor.

Neben dem Entdecken der eigenen Singstimme, der Förderung der Sprachbildung, der Konzentrationsfähigkeit beim Zuhören und der Unterstützung von Motorik, erfährt das Kind auch Wohlbefinden und Freude an musikalischen Aktivitäten. Daneben verfeinern Lieder, Singspiele, Sprechgesänge und rhythmische Sprachspiele die Ausdrucksmöglichkeiten und unterstützen das Sprachverhalten der Kinder nachhaltig. Wiederholt gesungene Lieder, verbunden mit Gestik, Mimik und Bewegung, erweitern den Wortschatz und helfen dem Kind, flüssiger zu sprechen sowie Inhalte besser zu verstehen.

Lieder und rhythmische Sprachspiele lenken die Aufmerksamkeit der Kinder ganz selbstverständlich auf den Klang sowie die Struktur der Sprache und fördern so die phonologische Bewusstheit – eine wichtige Schlüsselqualifikation für den späteren Schriftspracherwerb.

Musik und Rhythmus haben mit Sprache sehr viel gemeinsam, da ähnliche Strukturen in Bezug auf die Wirkung von Lautstärke, Melodie, Dynamik, Rhythmus, Tempo oder Aussprache zu finden sind.

Die Umsetzung von Rhythmus, Musik und Bewegung bietet unzählige Möglichkeiten für eine fantasievolle, ganzheitliche Förderung. Gerne begleiten die Kinder Lieder mit Aktionen: Sie stampfen, wippen, hüpfen, patschen und klatschen begeistert mit. Die ersten Instrumente werden mit viel Spaß eingesetzt, wobei auch schräge Töne vorkommen dürfen.

Das elementare musikalische Erleben sollte immer in spielerischer Form stattfinden, bei der die Freude der Kinder an Sprache, Musik, Rhythmus und Bewegung im Vordergrund steht.

Musik- und Rhythmikspiele lassen sich ohne große Vorbereitung mit vielfältigen Aktionen und in unterschiedlichen Situationen gut verbinden und fördern, neben vielen anderen Kompetenzen, vor allem auch die Entwicklung des Rhythmusgefühls und der rhythmisch-musikalischen Gliederung der Sprache.

In den meisten Kindergärten und Grundschulen sind Kinder unterschiedlicher Herkunft und Kultur. Fragen Sie gezielt nach Liedern oder Musikspielen aus ihren jeweiligen Kulturkreisen. Vielleicht helfen Ihnen deren Eltern oder Großeltern auch bei der Einführung dieser Lieder und Spiele. Durch das Kennenlernen von Liedern, Tanzspielen und Reimen in fremden Sprachen wird auf die kulturelle und sprachliche Vielfalt hingewiesen und die Kinder entwickeln ein Interesse und eine Offenheit für andere Lebensweisen.

Die in diesem Buch vorgestellten Ideen laden zum Singen, Tanzen, Spielen, Sprechen und Bewegen ein. Auch konkrete Gestaltungsideen, Varianten und Umsetzungsvorschläge bieten Ihnen eine bunte Palette vielschichtiger Umsetzungsmöglichkeiten.

Die zahlreichen Aktionen wurden so ausgewählt, dass sie einen positiven Einfluss auf die sprachliche Entwicklung der Kinder nehmen. Bereits die Materialerfahrung und die verschiedenen Arbeitsabläufe bei der Herstellung eigener Instrumente beinhalten eine Fülle von Gesprächsimpulsen und neue Begrifflichkeiten bilden sich ganz konkret durch den aktiven Umgang.

Die Inhalte verstehen sich nur als Anregungen, die immer Raum für individuelle, kreative Ideen und Ausführungen lassen. Die Tipps und Hinweise zur Umsetzung können nach eigenen Wünschen verändert und ergänzt werden.

Dieses Buch richtet sich an Erzieherinnen, Erzieher oder Eltern – eben an alle, die Kinder in der sprachlichen und musikalischen Förderung unterstützen wollen. Der Einfachheit halber habe ich im Folgenden ausschließlich die Formulierung „Erzieherin“ verwendet und hoffe, dass sich dennoch alle Leser angesprochen fühlen.

Für die tolle Unterstützung danke ich den mitwirkenden Kindern und vor allem meinem Mann, Werner Tenta, für die vielen schönen Lieder sowie Sr. Cäcilia, die uns als Musiklehrerin bei der Notation der Lieder eine große Hilfe war.

Viel Spaß beim Singen, Tanzen, Sprechen und Spielen wünscht Ihnen

Heike Tenta

1. KLANGWERKSTATT

Rhythmikinstrumente, entweder selbst hergestellt oder aus dem Orff-Instrumentarium gewählt, werden neben der Begleitung von Liedern besonders gerne für Klanggeschichten und im Spiel eingesetzt. Die Kinder erfahren im Umgang damit unterschiedliche, klangliche Einsatzmöglichkeiten, entwickeln Eigeninitiative und lernen zu improvisieren. Sie sollten genügend Raum und Zeit erhalten, die verschiedenen Spielweisen der einzelnen Instrumente ausgiebig zu erforschen und zu erkunden.

Darüber hinaus ist es sehr spannend, mit dem eigenen Körper bewusst Klänge und Geräusche zu erzeugen und mit diesen Klanggesten in der einfachsten Form zu musizieren.

Schon gewusst?

Erste Zupfinstrumente, wie beispielsweise die sogenannten „Stabzithern“ und „Musikbogen“, stammen bereits aus der Altsteinzeit. Frühe Funde zeigen diese Instrumente, bei denen Saiten aus Pflanzenfasern oder Tiersehnen an zwei Enden eines hölzernen Bogens gespannt wurden. Wie unter anderem Höhlenzeichnungen aufzeigen, wurden diese Instrumente auch für kultische und magische Zwecke eingesetzt.

INSTRUMENTE KLINGEN UND SCHWINGEN

ZUPFBRETT

Holzbrett, eventuell Schleifpapier, Schraubzwingen, Nägel, Hammer, Gummibänder in unterschiedlichen Längen und Breiten

Das Holzbrett wird zunächst genau betrachtet und befühlt. Raue Kanten oder ausgerissene Stellen müssen mit Schleifpapier geglättet werden, damit sich niemand daran verletzt.

Im Anschluss daran kann das Brett mit Schraubzwingen an einem robusten Arbeitstisch befestigt werden. Je nach Wunsch werden die Nägel zu einer vorher gewählten Form, z. B. Kreis, Reihe, oder willkürlich angeordnet und eingehämmert.

Das Zupfen erzeugt Töne

Danach spannen die Kinder Gummibänder um diese Nägel. Sie benutzen dabei dickere und dünnere Bänder, die in verschiedenen Abständen straff oder lockerer aufgespannt werden. Nun können sie mit den Fingern zupfen und die Töne miteinander vergleichen. Klingt es hell oder dunkel? Welche Gummibänder klingen gleich?

Schnell wird deutlich, dass der Ton höher wird, je stärker das Band gespannt ist. Je lockerer das Band sitzt, desto tiefer klingt der Ton. Auch die Längen und Breiten der Gummibänder verändern die Klangqualität. Töne können schnell oder langsam erzeugt werden, etwas leiser oder lauter erklingen. Wie klingen mehrere gleichzeitig gezupfte Bänder?

Mit diesem schnell hergestellten Zupfbrett kann man mit verschiedenen Tönen und Klängen experimentieren, aber auch Verse, Reime oder Lieder rhythmisch begleiten.

Tipp

Holzbrettchen in verschiedenen Größen und Stärken können in Schreinereien oft kostenlos abgeholt werden. Für jüngere Kinder ist es ratsam, ein Brett mit wenigen Nägeln und einer überschaubaren Anzahl an Gummibändern zu nutzen, die sich durch ihre unterschiedlichen Längen und Stärken im Klang klar unterscheiden.

HEISS ODER KALT

Zupfbretter oder andere Instrumente

Ein Kind verlässt den Raum. Die anderen Mitspieler verstecken einen zuvor gemeinsam ausgewählten Gegenstand im Raum, der gesucht werden muss. Die Kinder mit den Instrumenten leiten den Suchenden, indem sie immer schneller und lauter spielen, wenn sich dieser dem Versteck nähert. Entfernt sich das suchende Kind vom Gegenstand, wird leiser und langsamer gespielt. Sobald der Gegenstand gefunden ist, wird gewechselt.

SCHELLENBÄNDER

Schellen und Glöckchen, Handschuhe, Stulpen, Nähgarn, Nadel

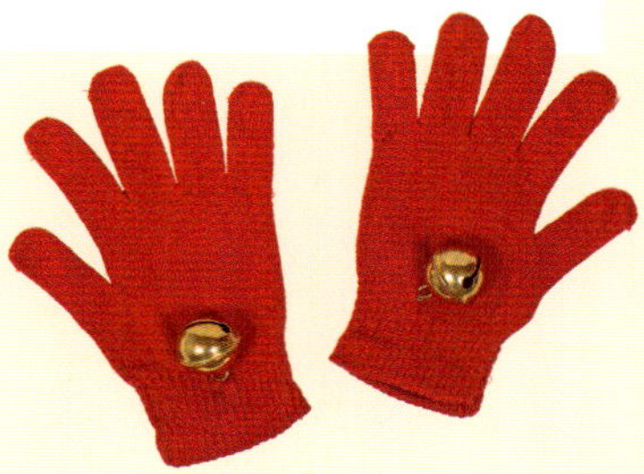

Glöckchen und Messingschellen gibt es in verschiedenen Größen und Klangqualitäten, die zur Herstellung dieser Schellenbänder gut geeignet sind. Dazu werden die Schellen und Glöckchen einfach an Stulpen oder Handschuhen festgenäht und schon sind diese bequemen und wirkungsvollen Schellenbänder einsatzfähig.

Beim Annähen der Glöckchen muss darauf geachtet werden, dass man nicht versehentlich die beiden Handschuh- oder Stulpenteile zusammennäht.

Tipp

Entsorgen Sie ausgediente Socken nicht im Müll, sondern schneiden Sie die Bündchen ab. Werden daran kleine Schellen befestigt, entstehen im Handumdrehen kleine Instrumente.

SCHELLENTANZ

1. Wir drehen uns im Kreis herum – 1, 2, 3
und sind dabei auch gar nicht stumm – 1, 2, 3.

Refrain:
Wir stampfen auf mit beiden Füßen – 1, 2, 3
und möchten euch damit begrüßen – 1, 2, 3.

2. Die Schellen können leise klingen – 1, 2, 3
und leise können wir auch singen – 1, 2, 3.

Refrain: Wir stampfen auf ...

3. Die Schellen können laut ertönen – 1, 2, 3,
so laut, dass uns die Ohren dröhnen – 1, 2, 3.

Refrain: Wir stampfen auf ...

4. Wir zählen laut, bei 3 ist Ruhe – 1, 2, 3
und sperr'n die Schellen in die Truhe.

Refrain: Wir stampfen auf ...

Die Schellen klingen mal laut, mal leise

MONSTER-RASSELN

Rasseln sind sehr leicht herzustellen und können aus unterschiedlichen Hohlkörpern entstehen. Toll rasselt es, wenn zwei zusammengeklebte Joghurtbecher, Schachteln, Papprӧhren oder ähnliche Behältnisse mit unterschiedlichen Materialien gefüllt werden. Durch die vielfältigen Gestaltungsmöglichkeiten können diese einfachen Rhythmusinstrumente thematisch eingebunden und auch jeweils passend zum Liedtext hergestellt werden.

Leere Schachteln, bunte und schwarze Papierreste, evtl. Wackelaugen, Füllmaterial, Klebefilm, Klebstoff, Schere

Unsere Monsterrasseln entstehen aus verschiedenen leeren Schachteln, die zunächst mit Kieselsteinen, Sand, Holzperlen oder kleinen Muscheln gefüllt werden. Danach werden alle Seiten sorgfältig mit Klebefilm verschlossen, damit kein Füllmaterial mehr herausrutschen kann. Zuletzt umkleiden die Kinder mit Papierresten die Schachtel und gestalten sie nach eigenen Wünschen zu einem kleinen Monster aus.

Tipp

Bei der Herstellung eigener Instrumente erfahren die Kinder viel über die Entstehung von Tönen und Klängen und bekommen einen Einblick, wie deren akustische Übertragung funktioniert. Auch wenn professionell hergestellte Instrumente deutlich bessere Klangeigenschaften besitzen, sollten die Kinder mit selbst gebastelten Instrumenten hantieren dürfen.

Schon gewusst?

Die Menschen haben gelernt, mit verschiedenen Resonanzkörpern Klänge und Töne zu verstärken und somit Instrumente zu bauen. Auch im Tierreich finden wir solche Resonanzkörper. Der Laubfrosch hat eine Schallblase, der Teichfrosch besitzt sogar zwei davon. Diese können die Tiere aufblasen und damit ihr Quaken deutlich lauter erschallen lassen, als dies ohne diese luftgefüllten Hohlräume möglich wäre.

MONSTERREIM

Kinder scheppern mit den Monsterrasseln gerne durcheinander, da der besondere Reiz an dem hohen Geräuschanteil liegt. Deswegen sind die kleinen Monster eingeladen, mit ihren Rasseln nun durch den Raum zu hüpfen, zu springen, zu tanzen oder zu laufen und dabei zum folgenden Reim richtig wild mitzurasseln.

Monster, Monster, das sind wir.
Ich hüpf zu dir, du springst zu mir!
Wir sausen wild im Raum umher
und uns gefällt das alles sehr.

Varianten

- ein Kind rasselt und die anderen Kinder bewegen sich durch den Raum; sobald das Geräusch verstummt, bleiben sie stehen
- die Gruppe wird in eine Rasselbande und eine Monsterbande aufgeteilt: die Rasselbande gibt abwechselnd mit den Rasseln Signale für bestimmte Bewegungen, welche die Monsterbande ausführt
- ein Monster führt die Kinder, welche die Augen geschlossen haben, mit der Rassel durch den Raum

Gesprächsimpulse

- Gibt es wirklich Monster?
- Wovor habt ihr Angst?
- Was können wir gegen Ängste tun?

Die Monst rasseln wi

TROMMELKUCHEN BACKEN

Damit die Kinder spüren, welche Kräfte auf ein Trommelfell einwirken, bilden sie Paare, wobei ein Kind mit dem Rücken zum anderen sitzt. Gemeinsam führen sie die folgenden Bewegungen auf dem Rücken des Partnerkindes aus. Hierbei sollte im Vorfeld besprochen werden, dass feste Schläge nicht erlaubt sind, sondern nur sanfte Bewegungen ausgeführt werden dürfen.

Wir backen heute einen Kuchen.
Zunächst reiben wir die Schüssel gründlich sauber.
(über den Rücken reiben)
Dann schütten wir Mehl und Zucker hinein.
(mit den Fingerspitzen sanfte Rieselbewegungen imitieren)
Jetzt schlagen wir drei Eier auf
(dreimal auf den Rücken tippen)
und geben ein großes Stück Butter hinzu.
(mit der Handfläche sanft auf den Rücken drücken)
Nun wird alles schön verrührt
(mit beiden Händen kreisende Bewegungen ausführen)
und der Teig geknetet.
(etwas kräftigere, reibende Bewegungen)
Im Ofen wird es dem Teig richtig warm.
(rubbelnde Bewegungen, die Wärme erzeugen)
Zum Schluss bekommt er noch einen Schokoguss.
(zarte, fließende Bewegungen über dem Rücken ausführen)

Tipp

Die Kinder können im Anschluss daran auch eine Pizza mit dem gewünschten Belag oder ihr Lieblingsgericht gestalten und die Bewegungen selbstständig sprachlich begleiten.

Variante

- die Kinder setzen sich in eine Reihe, wobei sie immer mit dem Rücken zum nächsten Kind sitzen; das Kind, das als Letztes in der Reihe sitzt, führt eine Bewegung auf dem Rücken des Vordermannes aus; dieses Kind überträgt das, was es fühlt, auf den Rücken des vor ihm sitzenden Kindes; das Kind, das ganz am Anfang der Reihe sitzt, hat eine Trommel vor sich und stellt das Gefühlte mithilfe der Trommel dar

HEUTE GEHEN WIR IM TAKT

Handtrommel

Die Erzieherin, später auch ein Kind, trommelt einen bestimmten Takt auf der Handtrommel. Die Kinder versuchen, das Gehörte spontan in Bewegung umzusetzen: Sie hüpfen, stampfen, schleichen, laufen, rennen oder springen im vorgegebenen Rhythmus. Wird das Schlagtempo langsamer, reduzieren auch die Kinder ihre Geschwindigkeit.

Auf ein zuvor besprochenes Signal hin, z. B. Trommelschlag, setzen sich alle Kinder hin und erzählen, welche Bewegungen sie umgesetzt haben.

Gesprächsimpulse

- Wie können Menschen sich noch fortbewegen?
- Wie klingt es, wenn wir auf Zehenspitzen gehen, rückwärts gehen, in Zeitlupe laufen oder auf den Fersen tippeln?
- Mit welchen Hilfsmitteln bewegen sich Menschen?
- Wie bewegen sich Tiere auf der Erde, in der Luft oder im Wasser fort?

Ich gebe den Rhythmus vor

WIR BAUEN UNSERE TROMMEL SELBST

Blumentopf aus Ton (Ø 15–20 cm), Butterbrotpapier, dicke Gummiringe, Tapetenkleister, Pinsel, Schere, Zeitungen als Unterlage

Zunächst wird der Kleister nach Packungsangabe angerührt. Der Tontopf dient als Resonanzkörper. Damit dieser zum Einsatz kommen kann, muss dessen Öffnung mit mindestens acht Lagen Butterbrotpapier als Trommelfell verschlossen werden.

Dazu bestreicht man das Papier von beiden Seiten mit Kleister, legt es über die Öffnung des Blumentopfes, zieht es glatt und klebt es an den Seiten rundum fest. Auf diese Weise wird das Papier Lage für Lage möglichst faltenfrei angeklebt. Haltbarer wird das Trommelfell, wenn beim Aufkleben der Tontopf immer ein Stück gedreht wird, sodass die Papierlagen sich überkreuzen.

Der Kleister muss einige Tage trocknen, bevor die Trommel bespielbar ist. In dieser Zeit entweicht auch die Luft aus den entstandenen Luftblasen. Sollten noch einige Luftblasen bestehen bleiben, ist dies nicht weiter schlimm, da das Trommelfell trotzdem funktionsfähig schwingt. Zuletzt am Rand ein Gummiband befestigen, so wird das Papier gespannt und das Trommelfell zusätzlich fixiert.

TROMMELN IM TAKT

Trommeln haben einen hohen Aufforderungscharakter für Kinder. Sprechen Sie gemeinsam folgenden Vers, danach werden die Wörter oder Silben rhythmisch mitgetrommelt und wiederholt.

Wir schlagen die Trommel, bumm, bumm, bumm
und geh'n dabei im Kreis herum.
(laute, gleichmäßige Schläge auf der Trommel, während im Kreis gegangen wird)

Wir streicheln die Trommel, wisch, wisch, wisch
und legen sie dann auf den Tisch.
(mit der Handfläche über das Trommelfell wischen, Trommel auf den Tisch legen)

Mit den Fingerspitzen trommeln

Langsam kommt die kleine Maus
aus dem Loch in ihrem Haus.
(mit den Fingerspitzen langsam über die Trommel laufen)

Das Mäuschen, das springt hin und her,
und sucht nach etwas Camembert.
(schneller mit den Fingerspitzen trommeln)

Doch die große, dicke Katze
kommt mit ihrer wilden Tatze.
(lauter mit der Handfläche trommeln)

Die Maus rennt nun ganz schnell zurück
blickt traurig auf das Käsestück.
(schneller mit den Fingerspitzen trommeln, in der letzten Zeile mit der flachen Hand über die Trommel reiben)

Tipp

Variieren Sie das Tempo und die Lautstärke des Verses, indem Sie die einzelnen Zeilen schnell oder langsam sowie laut oder leise sprechen. Dementsprechend begleiten die Kinder den Vers klanglich mit. Auch viele Abzählverse eignen sich für diese rhythmischen Sprachspiele und werden von den Kindern begeistert mitgetrommelt.

KLÄNGE, LAUTE UND GERÄUSCHE

LÖFFELSPIEL

Für jeden Teilnehmer einen Esslöffel oder Teelöffel

Die Kinder sitzen im Stuhlkreis oder rund um einen Tisch. Die folgende Geschichte, in der immer wieder das Wort „Löffel" vorkommt, wird vorgelesen. An diesen Stellen der Geschichte greifen die Kinder ein. Sie schlagen mit dem Löffel rhythmisch entsprechend der Silben auf den Tisch oder Stuhl und rufen „Löf-fel". Wer hört genau hin und passt auf?

DIE GESCHICHTE ZUM SPIEL

Die Mutter war heute nicht zu Hause. Deshalb war es Christians Aufgabe, sich um das Mittagessen für sich und seinen kleinen Bruder Jan zu kümmern. Die Mutter hatte Suppe vorgekocht. Christian gab noch einen Löffel voll Backerbsen hinzu und wärmte die Suppe auf. Dann begann er, den Mittagstisch zu decken. Er holte Teller, Suppenlöffel und Servietten für sich und Jan aus dem Schrank. Als er sich an den Tisch setzen wollte, bemerkte er, dass er den Schöpflöffel vergessen hatte.
Er ging in die Küche, um die Schöpfkelle zu holen und als er zurückkehrte, sah er, dass Jan schon ungeduldig mit seinem Löffel und der Serviette herumspielte. Auch er selbst war hungrig. Kaum waren die Teller gefüllt, löffelten sie beide schweigend ihre Suppe.
Jan fand die Suppe so lecker, dass er sich gleich noch einen Löffel voll nahm.
Als Nachspeise gab es Löffelbiskuittorte. Als die beiden satt waren, räumten sie gemeinsam den Tisch wieder ab. Christian stellte die Teller, die Suppenlöffel und den Schöpflöffel in die Spülmaschine.
Am Nachmittag bereitete Christian seinem kleinen Bruder noch eine große Tasse Kakao zu, die er mit einem Teelöffel Zucker süßte. Puh, war der heiß. Jan rührte so lange mit dem Löffel in seinem Getränk, bis der Kakao etwas kühler wurde.
Christian nahm den Topf, in dem er die Milch erhitzt hatte, die Tasse und den Löffel, räumte diese Dinge ebenfalls in die Spülmaschine und schaltete sie ein. Als die Maschine fertig war, stellte er fest, dass der Teelöffel, der Suppenlöffel und der Schöpflöffel nicht richtig sauber geworden waren und dass er alle Löffel von Hand nachspülen musste.

KLANGKÜNSTLER

Viele Alltagsgegenstände, ob Küchenutensilien, Verpackungsmaterialien oder Werkzeuge können schnell in Musikinstrumente verwandelt werden. Experimentieren Sie zusammen mit den Kindern und entlocken so auch ungewöhnlichen Objekten überraschende Klänge.

Teilen Sie zum Beispiel Plastik- oder Metalllöffel aus und stellen den Kindern unterschiedliche Alltagsgegenstände zur Verfügung. Wie klingt der Löffel auf dem Topf? Auf einer Dose? Wie hört es sich an, wenn er gegen ein Sieb geschlagen wird? Welchen Klang hat der Stuhl, der Tisch oder der Boden?

Nach dem freien Ausprobieren und Experimentieren können die Kinder den folgenden Reim rhythmisch umsetzen und vielleicht sogar selbst weiterreimen.

Lirum, Larum, Löffelstiel,
vom Eis gibt's heute gar nicht viel.
Dafür steht der leck're Fisch
auf dem schön gedeckten Tisch.

So klingen Plastiklöffel

DAS VERGESSLICHE EICHHÖRNCHEN

Klanghölzer (Eichhörnchen), Holzblocktrommel (Dachs), Glöckchen (Maus), Glockenspiel (Reh), Handtrommel (Hase)

Die Kinder sitzen im Kreis, während die Instrumente verteilt werden. Sobald ein Tier genannt wird, dessen Instrument zum Einsatz kommen soll, wird eine Pause beim Sprechen eingebaut. Werden alle Tiere im Text erwähnt, erklingen alle Instrumente zusammen.

Das ganze Jahr hat das Eichhörnchen fleißig Nüsse und Tannenzapfen gesammelt, um während des Winters genügend Vorräte zu haben. Denn immer, wenn sein Magen knurrt, erwacht es aus seiner Winterruhe und holt sich aus einem seiner Verstecke etwas zu essen.
Als wieder einmal sein Magen hungrig knurrt, klettert es aus seiner Baumhöhle und rennt schnurstracks zu seinem Vorratslager, das es unter einer Tannenwurzel angelegt hat.
Doch das Lager ist leer.
„Wenn ich nur wüsste, wo ich meine anderen leckeren Vorräte versteckt habe!“, seufzt das Eichhörnchen.
„Ich weiß, wo du deine Vorräte versteckt hast!“, brummt der Dachs, der dies mitbekommt.
„Deine Vorräte liegen unter dem Reisighaufen, neben der alten Buche! Komm mit, ich zeig sie dir!“
Das Eichhörnchen bedankt sich für seine Hilfe und beide marschieren zur alten Buche. Aber sie können unter dem Reisig keine einzige Nuss finden.
„Wenn ich doch nicht so vergesslich wäre!“, seufzt das Eichhörnchen verzweifelt.
„Ich weiß, wo du deine Vorräte versteckt hast!“, piepst die Maus, die neben dem Reisighaufen aus ihrem Loch schaut.
„Deine Vorräte liegen unter dem großen, weißen Stein am Bach! Dort hast du sie versteckt! Komm, ich zeig dir die Stelle!“

Das Eichhörnchen bedankt sich für die Hilfe und alle rennen zum Bach. Aber wieder finden sie keine einzige Nuss.
„Warum bin ich nur so vergesslich?“, flüstert das kleine Eichhörnchen traurig.
„Ich weiß, wo du sie versteckt hast!“, prahlt da das Reh und knabbert an einem Strauch am Ufer des Baches.
„Du hast deine Vorräte in einem morschen Baumstamm, der dort drüben neben dem Waldweg liegt, versteckt. Komm, ich zeig dir, wo das ist!“
Das Eichhörnchen bedankt sich und alle Tiere rennen gemeinsam zum morschen Baumstamm. Aber auch dort können sie keine einzige Nuss finden.
„Jetzt muss ich wohl verhungern!“, schluchzt das kleine Eichhörnchen verzweifelt.
„So ein Unsinn!“, ruft da der Hase, der gerade auf dem Waldweg nach Hause hoppeln will.
„Ich habe dir doch angeboten, weil du so vergesslich bist, dass du deine Vorräte bei mir in meinem Bau aufbewahren kannst! Also komm mit mir und hol dir ein paar Nüsse!“
„Wie schön, dass ich dich als Freund habe!“, ruft das Eichhörnchen erleichtert. Und auch alle anderen Tiere sind froh darüber, dass die Vorräte wieder aufgetaucht sind.

Tipp

Je öfter dieselbe Geschichte vorgelesen und umgesetzt wird, desto vertrauter werden den Kindern die Abläufe. Sobald sie den Inhalt kennen und verstanden haben, fällt es ihnen leichter, sich auf den Einsatz der Instrumente zu konzentrieren.

Gesprächsimpulse

- Welche Tiere leben im Wald?
- Wovon ernähren sich die Tiere?
- Welche Tiere halten einen Winterschlaf?

AUSFLUG DER BAUERNHOFTIERE

Diese Klanggeschichte kann zunächst sitzend im Stuhlkreis umgesetzt werden, aber besonderen Spaß haben die Kinder, wenn sie im Raum umhergehen und dabei ihre Instrumente erklingen lassen.

Setzen Sie diese Klanggeschichte erst in Bewegung um, wenn der Text bekannt ist und die Rollen klar verteilt sind. Das erste Kind (Schaf) holt, während es die Rassel schüttelt, das nächste Kind (Kuh) ab und zusammen gehen sie zum Beispiel um den Stuhlkreis oder im Raum herum. Nach und nach schließen sich weitere Tiere an. Während sie zusammen auf Wanderschaft gehen, spielen sie auf ihren Instrumenten.

Rassel (Schaf), Schellenkranz (Kuh), Triangel (Ente), Handtrommel (Schwein), Stimmgabel (Hahn), Holzblocktrommel (Hund), Fingercymbeln (Katze), Xylophon (Pferd)

Das Schaf, es lädt bei Sonnenschein
die Kuh zu einem Ausflug ein.
(Rassel zweimal schütteln)

Die Kuh muht allseits in die Runde:
„Wer wandert mit in dieser Stunde?"
(Schellenkranz zweimal schütteln)

Die Ente schnattert: „Ich komm mit,
dann sind wir Tiere schon zu dritt!"
(Triangel zweimal anschlagen)

Das Schwein grunzt: „Na, das ist doch klar,
ein Ausflug, der ist wunderbar!"
(Handtrommel zweimal anschlagen)

Der Hahn kräht: „Ich bin auch bereit
und ist der Weg auch noch so weit!"
(Stimmgabel zweimal anschlagen)

Der Hund bellt: „Ich bin auch dabei,
wohin es geht, ist einerlei."
(Holzblocktrommel zweimal anschlagen)

Die Katze, die miaut erfreut:
„Ich komme mit, ihr lieben Leut!"
(Fingercymbeln zweimal anschlagen)

Die Katze miaut erfreut

Triangeln (lat. triangulum „Dreieck") gehören zu der Gruppe der Idiophone (Selbstklinger) und sind schon seit dem Mittelalter in Europa als Schlaginstrumente bekannt. *Schon gewusst?*

Das Pferd, es wiehert: „Lasst euch sagen,
ihr setzt euch alle in den Wagen.
Dann zieh ich euch, wenn ihr habt Glück,
den ganzen Weg hin und zurück."
(Xylophon, drei Halbtöne hoch und wieder zurück spielen)

Und alle stimmen jubelnd ein:
„Der Ausflug könnt nicht schöner sein!"
(alle Instrumente spielen noch einmal gemeinsam)

Tipp

Großen Spaß macht es den Kindern, wenn eine Wolldecke auf dem glatten Boden liegt, auf der ein Kind Platz nimmt. Das Kind, welches das Pferd darstellt, kann so die Decke mitsamt dem Passagier von einer Seite des Raums zur anderen ziehen.

KLANGDETEKTIVE

Orff-Instrumente

Die vorhandenen Instrumente werden zuvor ausgiebig auf ihre Material- und Klangeigenschaften geprüft und benannt. Danach werden alle Instrumente auf dem Boden ausgelegt und die Kinder sitzen so, dass sie diese nicht sehen können. Ein vorher ausgewählter Mitspieler sucht nun ein Instrument aus und bringt es leise zum Klingen. Wer erkennt, was gerade zu hören war?

Ich bin ein Klangdetektiv

Varianten

- mehrere Instrumente spielen und in der richtigen Reihenfolge benennen
- Alltagsgegenstände einsetzen und deren Geräusche heraushören (Buch zuschlagen, Fenster schließen, in der Stiftekiste kramen)

DAS ECHO-SPIEL

Instrumente, z. B. Fingercymbeln, Klangstäbe, kleine Becken, Trommeln

Die Kinder sitzen im Stuhlkreis und die Erzieherin teilt die Instrumente aus. Jeweils zwei Kinder erhalten das gleiche Instrument. Ein Kind geht nun um den Kreis und tippt einen Mitspieler an, woraufhin dieser sein Instrument erklingen lässt. Nun muss das Kind als Echo antworten, welches das gleiche Instrument in der Hand hält. Beide Kinder spielen nun so lange gemeinsam, bis ein anderes Kind angetippt wird. Schwieriger kann das Spiel gestaltet werden, wenn die Kinder Rücken an Rücken stehen und so die Instrumente der anderen Mitspieler nicht sehen können.

Tipp

Sollten nicht genügend Instrumente vorhanden sein, können sich die Paare durch Stampfen, Klatschen, Schnalzen mit der Zunge oder andere, vorher abgesprochene Geräusche und Töne finden.

HÖRT GUT HIN!

Verschiedene Instrumente, z. B. Triangel, Glockenspiel, Becken, Klangschale

Die Kinder laufen, tanzen und hüpfen frei im Raum umher, bis sie ein Instrument hören. Schon beim ersten Schlag oder Ton bleiben sie stehen und verharren genau in dieser Position.

Erst wenn kein Klang mehr zu hören ist, wird diese Starre aufgehoben und der Tanz geht weiter. Einige Instrumente klingen sehr lange nach und können auch leise angespielt werden. Dann müssen die Kinder ganz genau und konzentriert hinhören.

Gesprächsimpulse

- Wie klingen die einzelnen Instrumente?
- Welche Unterschiede sind zu hören?
- Welche Instrumente klingen länger, welche kürzer?

Eingefrorene Bewegungen

DER KLEINE FUCHS UND DAS UNWETTER

Triangel (kleiner Fuchs), Xylophon (Mama Fuchs), Holzblocktrommel (Hirsch), Klangschale (Eule), Handtrommel (schwacher Wind), Handtrommel mit Jazzbesen (stärkerer Wind), Kazoo (Sturm), Rainmaker (Regentropfen), Klanghölzer (starker Regen), Schellenkranz (Blitz), Handtrommel mit Schlägel (Donner)

Die folgende Geschichte wird langsam vorgelesen. Sobald ein Tiername oder ein Wetterphänomen genannt wird, folgt eine Lesepause, sodass das entsprechende Instrument zum Einsatz kommen kann. Wird das Wort „Unwetter“ genannt, spielen alle Wetter-Instrumente zusammen.

Der kleine Fuchs sitzt im Fuchsbau, als sich Mama Fuchs von ihm verabschiedet.
„Ich bin bald wieder zurück. Bitte geh nicht raus, denn es soll wohl ein Unwetter aufziehen“, ermahnt sie ihn.
Grummelnd nickt der kleine Fuchs.
Doch das Wetter ist viel zu schön, als dass er jetzt in seiner dunklen Höhle sitzen bleiben wollte. Die Sonne schickt ein paar Strahlen durch die Baumwipfel und nicht der leiseste Windhauch ist zu spüren.
„Ach, was soll schon passieren, wenn ich jetzt noch einen Ausflug unternehme!“, überlegt der kleine Fuchs.
So beschließt er, allein den Wald zu erkunden. Als er durch das Unterholz streift, sieht er den Hirsch mit seinem mächtigen Geweih.
„Bist du ganz allein unterwegs?“, fragt der Hirsch.
„Na klar! Ich bin doch schließlich groß genug, um die weite Welt zu erkunden!“, antwortet der kleine Fuchs selbstbewusst.
„Geh mal lieber nicht zu weit hinaus! Es kommt bald ein Unwetter“, rät ihm der Hirsch.
Der kleine Fuchs aber lässt sich von seinem Ausflug nicht abbringen. Nach einer Weile entdeckt er auf einer hohen Tanne eine schlafende, alte Eule.
„Hallo Eule“, ruft er nach oben.
Die Eule öffnet nur eines ihrer großen, dunklen Augen und betrachtet den kleinen Störenfried.
„Geh lieber wieder heim. Bald zieht ein Gewitter auf und dann wird es hier im Wald recht ungemütlich!“, empfiehlt die Eule.
Doch der kleine Fuchs lässt sich von seinem Vorhaben nicht abbringen. Als er vergnügt weitergeht, nimmt er plötzlich ein Rauschen wahr. Es ist ein schwacher Wind, der in die Bäume haucht. Doch nach einer Weile pustet ein stärkerer Wind und die Bäume biegen sich hin und her. Bald bläst ein richtiger Sturm mit einem bedrohlichen Pfeifen und Heulen. Und plötzlich verdecken auch noch schwarze Wolken den Himmel und verdunkeln den Wald. Ein Regentropfen fällt dem kleinen Fuchs dabei direkt auf die Nase. Dann wird jedoch ein starker Regen daraus, der auf ihn niederprasselt. Grelle Blitze zucken auf und erleuchten den dunklen Wald für wenige Augenblicke. Und es donnert so laut, dass der Waldboden zu beben beginnt. Der kleine Fuchs drückt sich ängstlich an den Stamm eines Baumes, als das Unwetter hereinbricht.
„Hätte ich nur auf meine Mutter und die anderen Tiere gehört!“, murmelt der kleine Fuchs.
Tropfnass steht er unter dem Baum und ihm ist furchtbar kalt. Der Sturm peitscht ihm die Regentropfen ins Gesicht und Blitz und Donner lassen den armen Kerl immer wieder erschrocken zusammenzucken.
Da hört er von Weitem Mama Fuchs rufen: „Kleiner Fuchs, hab keine Angst. Komm mit mir, da drüben ist eine alte Scheune! Dort warten wir, bis das Unwetter vorbei ist!“
Der kleine Fuchs ist froh, dass seine Mutter ihn gefunden hat und drückt sich fest an sie.
Noch einmal braust das Unwetter richtig auf und verebbt schließlich langsam. Als alles vorbei ist, kehren die beiden glücklich wieder in ihren Bau zurück.

2. RHYTHMUS UND BEWEGUNG

Auf rhythmische Sprach- oder Klatschspiele reagieren Kinder in der Regel positiv, nicht nur deshalb sind Rhythmikspiele auf der ganzen Welt so beliebt. Mit wenig Material- und Zeitaufwand lassen sich solche Spiele schnell in den Alltag integrieren. Wird ein Rhythmus durch Bewegung und Sprache vermittelt, können die meisten Kinder sofort einsteigen, andere werden durch die Kraft der Gruppe mitgetragen und setzen plötzlich Spielformen um, mit denen sie alleine überfordert wären.

Viele Spiele werden dabei von den Kindern kreativ angepasst, es kommen neue Gesten und Bewegungen dazu. Auch das Tempo und die Dynamik können sich verändern, Gestik, Mimik und der sprachliche Ausdruck variieren. Diese Spiele kommen dem natürlichen Bewegungsdrang der Kinder entgegen und geben ganz spielerisch Einblick in sprachliche Strukturen. Diese Verknüpfung der Sprach- und Bewegungsebene fördert neben dem Sprachgefühl auch besonders die Merkfähigkeit der Kinder.

Schon gewusst? *Bei zahlreichen traditionellen Volkstänzen auf der ganzen Welt werden Gebärden, Klatsch-, Spring- und Hüpfbewegungen umgesetzt. Ein bayerischer Tanz, der sogenannte „Schuhplattler“, gilt beispielsweise als „Balztanz“, mit dem die Tänzer ihre Tänzerinnen beeindrucken wollen.*

SPRACHE HÜPFT UND SPRINGT

EINMAL KLATSCHEN – ZWEIMAL KLATSCHEN

Klatschspiele sorgen für Schwung und gute Laune. Eine große Herausforderung für alle Beteiligten ist es, wenn das Tempo immer schneller wird und sich dadurch die Geschwindigkeit der Sprache und der Bewegungen, die dem Text entsprechend rhythmisch durchgeführt werden, steigert.

Wir klatschen

1. Einmal klatschen, zweimal klatschen,
auf die Oberschenkel patschen.
Drehen uns ganz schnell im Kreis,
tippeln auf der Stelle leis.

2. Einmal klatschen, zweimal klatschen,
auf die Oberschenkel patschen.
Stampfen auf mit jedem Fuß,
bis die Erde beben muss.

3. Einmal klatschen, zweimal klatschen,
auf die Oberschenkel patschen.
Stehen nun auf einem Bein
und machen uns dann winzig klein.

Tipp

Um ein Gefühl für das Klatschen zu bekommen, können die Kinder versuchen, die Lautstärke des Klatschens bewusst zu steuern. Sie klatschen zunächst lautlos, indem sie kurz vor dem Zusammentreffen der Handflächen anhalten. In einem nächsten Schritt wird ganz leise geklatscht, indem die Handflächen sanft zusammengeführt werden, später etwas lauter und zum Schluss so laut wie möglich.

DIE HEXE SPIELT KLAVIER

Bei diesem Klatschvers variieren die Kinder die Lautstärke und bringen dies auch durch unterschiedliche Intensität in ihren Bewegungen zum Ausdruck. Wer möchte, kann die verschiedenen Lautstärken zusätzlich noch mit Rhythmusinstrumenten unterstreichen.

1 und 2 und 3 und 4,
die Hexe spielt ganz leis Klavier.
(mit den Fingern in der Luft das Klavierspielen andeuten)

Klimperdi, dimperdi, Tastenreise,
das Lied, das war doch viel zu leise!
(mit den Füßen im Takt lautlos in der Luft treten)

1 und 2 und 3 und 4,
die Hexe spielt normal Klavier.
(sanft auf die Oberschenkel klatschen)

Klimperdi, dimperdi, Tastenreise,
das Lied, das war doch viel zu leise!
(mit den Füßen im Takt auf den Boden tippen)

1 und 2 und 3 und 4,
die Hexe spielt ganz laut Klavier.
(schwungvoll in die Hände klatschen)

Klimperdi, dimperdi, Hexenkraut,
das Lied, das war doch viel zu laut!
(mit den Füßen im Takt auf den Boden stampfen)

Die Hexe spielt ganz leise

DAS MÜHLRAD

Für dieses Klatschspiel sitzen die Kinder im Kreis. Sie strecken ihre Arme nach rechts und links mit den Handflächen nach oben aus. Jedes Kind legt seine rechte Hand über die des rechten Nachbarn und die linke Hand unter die des linken Nebensitzers.

Nun klatscht das erste Kind mit seiner rechten Hand in die rechte Hand des linken Sitznachbarn. Dieser wiederum gibt die Bewegung weiter, indem er ebenfalls mit der rechten Hand, in die soeben geklatscht wurde, die rechte Handfläche seines linken Sitznachbarn berührt. So geht das Klatschen im ganzen Sitzkreis herum und ähnelt einem großen Rad, das sich dreht.

Ist der Bewegungsablauf gefestigt, kann das Klatschen auch passend zum nachstehenden Vers erfolgen.

Das Rad der Mühle dreht sich hier,
von mir zu dir von mir zu dir.
Es mahlt das Korn zu Mehl ganz fein,
so muss es für den Kuchen sein.

DIE TIERPARADE

Die Kinder stehen einander paarweise gegenüber und klatschen im Liedrhythmus in die eigenen Hände. Auf die drei Wiederholungssilben am Ende jeder Zeile klatschen sie sich gegenseitig in die Hände.

1. Die kran-ke Glit-zer-fee, -fee, -fee
trinkt viel Ka-mil-len-tee, -tee, -tee.
Nach nur ei-ner Stund, Stund, Stund
ist sie auch schon ge-sund, -sund, -sund.

2. Der Di-no-sau-ri-er, -er, -er
kommt ganz al-lein da-her, -her, -her.
Da sagt die Maus Mar-git, -git, -git:
„Ich komm ein Stück-chen mit, mit, mit."

3. Die Stor-chen-da-me Liz, Liz, Liz
hat Fe-dern mit viel Spliss, Spliss, Spliss.
Doch das ist kein Mal-heur, -heur, -heur,
denn sie geht zum Fri-sör, -sör, -sör.

4. Das klei-ne Kro-ko-dil, -dil, -dil,
das lacht gern laut und viel, viel, viel.
Und macht es auf den Mund, Mund, Mund,
sieht man den tie-fen Schlund, Schlund, Schlund.

LEISE UND LAUTE TÖNE

Musikstück nach Wahl, Abspielgerät

Bei diesem Spiel sitzen die Kinder am Boden und die Erzieherin reguliert die Lautstärke der Musik.

Wird das Lied leise abgespielt, klatschen die Kinder sehr leise mit. Sobald die Musik lauter wird, klatschen oder stampfen die Kinder auch stärker mit. Die Wahrnehmung dieser Veränderungen erfordert Konzentration und genaues Hinhören, wenn die Lautstärke sehr vorsichtig variiert wird. Stoppt die Musik ganz, sind die Kinder auch regungslos und still.

Varianten

- vorher abgesprochene Bewegungen und Gesten, z. B. Musik wird leise, Augen schließen, mit einbauen
- Bewegungen auf den ganzen Raum erweitern

1, 2 – HAFERBREI

Rhythmisch gesprochene Reime und Verse sind wichtige Bausteine für den Spracherwerb. Bauen Sie solche Spiele so oft wie möglich auch spontan in den Alltag ein. Beim Sprechen dieses Reimes stehen sich die Kinder jeweils paarweise gegenüber.

So wird geklatscht: einmal in die eigenen Hände, einmal in die Hände des Partners und schließlich drei- bzw. viermal auf die Oberschenkel. In der letzten Zeile führen die Kinder statt der Klatschbewegungen Schritte am Platz aus.

1, 2 – Ha-fer-brei
3, 4 – das schmeckt ihr.
5, 6 – klei-ne Hex
7, 8 – rührt ganz sacht.
9, 10 – im Hand-um-dreh'n
kann sie satt nach Hause geh'n.

Wir klatschen nach der Musik

RHYTHMISCHE BEWEGUNG MIT SCHLAGINSTRUMENTEN

Gemeinsames rhythmisches Sprechen und Singen gelingt auch schon jüngeren Kindern, wenn mit einem Schlaginstrument, wie zum Beispiel einer Handtrommel, der Takt vorgegeben wird. Veränderungen des Sprechtempos oder der Rhythmen können so besser wahrgenommen werden.

WIR STEIGEN AUF DIE LEITER

Die Kinder stehen in einem großen Kreis und achten auf genügend seitlichen Abstand zum Nachbarn.

Wir steigen auf die Leiter
und steigen immer weiter.
(Steigbewegungen im Stehen mit Händen und Füßen)

Und hüpfen ohne Scheu
in einen Haufen Heu!
(im Takt klatschen und mit beiden Beinen hüpfen)

Wir schwimmen gern im Meer.
Mach mit, das ist nicht schwer!
(Schwimmbewegungen mit den Armen)

Wir halten unsre Nase zu
und springen in das Nass im Nu.
(Nase zuhalten und mit beiden Beinen hüpfen)

Wir fliegen auf den Berg,
da oben steht ein Zwerg.
(Flugbewegungen mit den Armen)

Er sagt uns ohne Hast:
„Setzt euch, wir machen Rast!“
(im Takt klatschen und sich dann auf den Boden setzen)

Tipp

Die Kinder können sich auch paarweise gegenüberstehen und sich selbst eine kleine Choreographie ausdenken und umsetzen.

Schon gewusst?

Der Begriff „Choreografie“ (altgr. „Tanz“ und „Schrift“) beschreibt ursprünglich eine von Raoul-Auger Feuillet (franz. Tänzer) um 1700 entwickelte Schrift zur Aufzeichnung von Tanzfolgen, Tanzschritten und Bewegungsabläufen.

Wir steigen auf die Leiter

DIE KÖRPERTROMMEL

Die Kinder sprechen rhythmisch und klatschen sich dabei passend zum folgenden Vers auf verschiedene Körperteile. Zum Einüben des Verses und der entsprechenden Klatschbewegungen wird im langsamen Tempo begonnen. Der Reiz der Körpertrommel liegt jedoch darin, die Strophe mit dem Refrain in einer Art Endlosschleife zu singen und dabei den Reim in immer schnellerem Rhythmus zu wiederholen.

Die Kinder gehen dabei mit Handfassung im Kreis. Beim letzten Wort des Refrains bleiben alle stehen, lösen die Hände und klatschen wie in der Strophe beschrieben.

Ich klatsche in deine Hände

Refrain:
Mit den Händen trommeln, das ist unser Ziel.
Manchmal langsam, manchmal schnell,
mal wenig und mal viel.

Un-ten, o-ben,
(auf Höhe der Knie und über dem Kopf klatschen)

vor-ne, hin-ten,
(Arme weit vorgestreckt und hinter dem Körper klatschen)

seit-lich geht es auch.
(zu einer Seite beide Arme bewegen und „seitlich“ klatschen)

Auf dem Rü-cken, auf dem Hin-tern
(auf den Rücken und auf den Po klatschen)

und auch auf dem Bauch.
(auf den Bauch klatschen)

Tipp

Bei einer geraden Anzahl an Kindern können sich auch immer zwei Kinder im Kreis zueinanderdrehen und die Klatschbewegungen nach unten, oben, vorn, hinten und zur Seite in die Hände des nebenstehenden Kindes ausführen.

DER KLEINE DIRIGENT UND SEIN ORCHESTER

Die Kinder sitzen im Stuhlkreis, ein Kind verlässt den Raum. Nun wird in der Gruppe ein Dirigent bestimmt. Dieser stellt Musizier-Bewegungen pantomimisch dar, die von der Gruppe schnell imitiert werden sollen, z. B. Querflöte, Gitarre, Geige, Klavier oder Trompete spielen. Es kann auch geklatscht, geschnippt oder gestampft werden.

Das Orchester beginnt mit dem Spiel. Das Ratekind kehrt in den Raum zurück, steht nun in der Mitte und versucht herauszufinden, welches Kind die Spielart vorgibt. Dabei sollte der kleine Dirigent die Spielbewegungen öfter verändern, damit das ratende Kind ihn in der Gruppe auch entdecken kann. Wurde der Dirigent gefunden, wird gewechselt.

Das Orchester beginnt jede Spiel- und Raterunde mit folgendem Vers, den die Erzieherin mit einer Handtrommel oder einem anderen Schlaginstrument rhythmisch begleiten kann.

Ich spiele heut ein Instrument,
doch spiel ich nicht allein.
Den Einsatz gibt der Dirigent,
schau hin, wer kann es sein?

Wir spielen, wie es der Dirigent vorgibt

1. Ich kann auf dem linken Bein stehen.
(Wer kann dabei mit dem rechten Fuß wackeln?)

Refrain:
Das kann ich schon und noch viel mehr,
das ist ganz leicht, seht alle her!

2. Ich kann auf dem rechten Bein stehen.
(Wer kann dabei mit dem linken Fuß wackeln?)

Refrain: Das kann ich schon ...

3. Ich kann mit beiden Beinen hüpfen.
(Wer kann dabei in die Hände klatschen?)

Refrain: Das kann ich schon ...

4. Ich kann im Vierfüßlerstand einen Katzenbuckel machen.
(Wer kann dabei eine Hand vom Boden lösen?)

Das kann ich

Refrain: Das kann ich schon ...

5. Ich kann auf einem Knie und einer Hand balancieren.
(Wer kann dabei noch ein Bein ausstrecken?)

Refrain: Das kann ich schon ...

6. Ich kann mit Füßen und Händen auf dem Boden rückwärts eine Brücke bilden.
(Wer kann dabei noch ein Bein ausstrecken?)

Refrain: Das kann ich schon ...

7. Ich kann auf dem Rücken liegen und die Füße nach oben strecken.
(Wer kann dabei die Beine schließen und wieder öffnen?)

DAS KANN ICH SCHON

Mit Klangstäben beziehungsweise einer Handtrommel kann der Sprechrhythmus für den Refrain zunächst mehrmals gespielt werden. Haben sich die Kinder diesen eingeprägt, sprechen sie im Takt mit.

Die gestellten Bewegungsaufgaben spornen die Kinder ungemein an. Ohne den Wettkampfcharakter zu sehr in den Vordergrund zu stellen, können zu jeder Bewegungsübung Zusatzaufgaben gestellt werden, die hier in Klammern stehen. Werden jüngere Kinder dabei von Älteren unterstützt, beispielsweise durch Haltehilfen bei Gleichgewichtsübungen, fördert dies zugleich das Sozialverhalten.

Tipp

Bei diesem Spiel können die Kinder kontrolliert ihre Kräfte einsetzen. Sie lernen, Rücksicht auf andere zu nehmen und stärken gleichzeitig ihre sozialen Kompetenzen. Die Kinder haben große Freude daran, auch eigene Ideen und Vorschläge zu verschiedenen Bewegungsformen einzubauen.

Schon gewusst?

Bewegung hilft beim Rechnen. Kinder, die sicher rückwärts gehen können, tun sich auch beim Subtrahieren leichter. Wer sich geschickt im Raum bewegen kann, ist auch eher in der Lage, sich in Zahlenräumen zurechtzufinden.

3. LIEDER, TÄNZE UND SZENISCHES SPIEL

Musik und Rhythmik greifen ineinander. Das wird bei Kindern besonders deutlich, da sie automatisch das Bedürfnis haben, musikalische Inhalte gleichzeitig durch Bewegung zu erfahren und zu erleben. Geben Sie ihnen die Möglichkeit, Musik auch mit allen Sinnen aufzunehmen und umzusetzen. Lieder zusätzlich im Tanz oder im darstellenden Spiel zu erleben, lässt die Kinder die Inhalte auf andere Weise erfahren, als wenn sie die Texte nur hören und nachsingen. Die Umsetzung durch Bewegung bietet ideale Voraussetzungen für ein ganzheitliches, lebendiges Lernen. Je mehr Freiraum die Kinder bekommen, desto öfter werden sich neue Ideen entwickeln, die von den Beteiligten mit viel Freude und Begeisterung gespielt werden.

WIR SINGEN UND TANZEN

Tipp

Wenn beim Singen schräge Töne entstehen, spielt das keine Rolle. Kritik würde die Kinder verstummen lassen und somit wichtige Erfahrungsfelder verschließen. Dieses lebendige Lernfeld mit seinen unzähligen Möglichkeiten zur Förderung der Kinder unterstützt nicht nur die musikalische Ausdrucksfähigkeit, sondern neben vielen weiteren Basiskompetenzen auch die ganze Persönlichkeit des Kindes.

ABC-LIED

Dieses Lied wird zunächst im Stuhlkreis mit den Kindern gesungen. Danach kann das Alphabet mit Buchstabenkarten als Weg durch den Raum gelegt werden. Parallel zum Lied bewegen sich die Kinder diesen Weg entlang.

ABC-Lied

**2. DEF mit Gekläff –
Bello geht zum Hundetreff.
DEF mit Gekläff –
geht zum Hundetreff.**

**3. GHI Kikeriki –
der Hahn fährt nur auf einem Ski.
GHI Kikeriki –
fährt auf einem Ski.**

**4. JKL ganz schön schnell
putzt die Katz ihr Katzenfell.
JKL ganz schön schnell –
putzt ihr Katzenfell.**

**5. MNO oh, so froh
hüpft auf und ab der Wasserfloh.
MNO oh, so froh
hüpft der Wasserfloh.**

**6. PQR ein Geplärr
macht doch hier der feine Herr.
PQR ein Geplärr
macht der feine Herr.**

**7. STU ja, die Kuh
frisst das grüne Gras im Nu.
STU ja, die Kuh
frisst das Gras im Nu.**

**8. VWX ohne Tricks
macht die Magd heut ihren Knicks.
VWX ohne Tricks –
macht heut ihren Knicks.**

**9. YZ ganz kokett –
die Ente schwimmt im Wasserbett.
YZ ganz kokett –
schwimmt im Wasserbett.**

BUCHSTABENTANZ

Karten mit Buchstaben jeweils in doppelter Ausführung, Musik

Die Buchstabenkärtchen liegen verdeckt auf dem Boden. Solange die Musik läuft, tanzen die Kinder frei im Raum umher. Sobald die Musik stoppt, schnappt sich jedes Kind eine Buchstabenkarte und sucht so schnell wie möglich seinen Partner, der ebenso eine Karte mit diesem Buchstaben gefunden hat. Die Musik beginnt und die Kinder tanzen paarweise miteinander. Während des Tanzens überlegen sie gemeinsam, welche Gegenstände denselben Anlaut haben, wie er auf ihrer Karte vermerkt ist.

Stoppt die Musik erneut, suchen die Pärchen passende Gegenstände zu ihren Buchstabenkarten im Zimmer.

FLEDERMAUS-RAP

Ein Rap ist ein Sprechgesang, Teil der Hip-Hop-Kultur und kommt auch schon bei den Kleinen gut an. Der Begriff kommt vom englischen Wort „to rap“ (deutsch: „klopfen“ bzw. „pochen“) und deutet schon die Art der Musik und des Sprechgesangs an. Bei einem echten Rap darf natürlich die instrumentale Untermalung nicht fehlen. Deshalb begleiten die Kinder ihren Sprechgesang mit verschiedenen Rhythmusinstrumenten, wie Klanghölzer, Holzblocktrommeln oder Schellenkränze.

Fledermaus-Rap

FLEDERMÄUSE BASTELN

Dünne Papprröhren, schwarzer Tonkarton, gelbes Krepppapier, Wattekugeln, schwarze Pfeifenputzer, Buntstifte, Fasermaler, Klebstoff, Schere

Eine Papprröhre wird in etwa 10 cm lange Röhrenstücke geschnitten und mit schwarzem Tonpapier umkleidet. Mit Fasermalern gestalten die Kinder die Wattekugel mit einem Gesicht aus und kleben sie an einem Ende der Papprröhre an. Aus Tonpapierresten schneiden sie große Ohren aus und kleben sie rechts und links am Kopf fest.

Fledermäuse können Schallquellen orten, indem sie die großen Ohren drehen. Über ein ausgeklügeltes Echoortungssystem finden sich diese Tiere prima im Dunkeln zurecht. *Schon gewusst?*

Die gewünschte Flügelform wird einmal auf gelbem Krepppapier und einmal auf schwarzem Tonpapier vorgezeichnet, ausgeschnitten und festgeklebt.

Zum Schluss noch die Beine aus Pfeifenputzern zurechtschneiden und passend in die Röhre kleben. An diesen Beinen kann die Fledermaus nun in Schlafposition aufgehängt werden. Diese Fledermäuse, auf einen Finger gesetzt, lassen sich auch als Spielfiguren benutzen.

Fledermäuse

FÜNF FINGER ZAPPELN

Das Zählen im Zahlenraum von 1 bis 5 beherrschen die meisten Kinder. Dazu die richtige Anzahl von Fingern zu zeigen, könnte den jüngeren Kindergartenkindern vielleicht anfangs Schwierigkeiten bereiten, zumal das Beugen einzelner Finger in der offenen Hand nicht ganz einfach ist. Mit Unterstützung der freien Hand gelingt dies aber sehr schnell. Wenn die Kinder diese Hilfe nicht mehr benötigen, kann das Lied erweitert und der Zahlenraum von 1 bis 10 musikalisch in Angriff genommen werden („Zehn Finger zappeln").

Fünf Finger zappeln

1. Fünf Finger zappeln, sie zappeln hin und her.
Fünf Finger zappeln, doch einer mag nicht mehr.
(mit der anderen Hand den kleinen Finger festhalten)

2. Vier Finger zappeln, sie zappeln hin und her.
Vier Finger zappeln, doch einer mag nicht mehr.
(zusätzlich den Ringfinger festhalten)

3. Drei Finger zappeln, sie zappeln hin und her.
Drei Finger zappeln, doch einer mag nicht mehr.
(zusätzlich den Mittelfinger festhalten)

4. Zwei Finger zappeln, sie zappeln hin und her.
Zwei Finger zappeln, doch einer mag nicht mehr.
(alle Finger bis auf den Daumen festhalten)

5. Ein Finger zappelt, der zappelt ganz allein,
doch bald holen ihn die andern Finger ein.
(zuerst nur mit dem Daumen, danach mit allen fünf Fingern zusammen wackeln)

Tipp

Ältere Kinder können bei jeder Strophe ein anderes Verb für die Bewegung der Finger einsetzen, z. B. sausen, wackeln, hüpfen, winken, wippen, hampeln, schaukeln, tanzen, schwimmen, fliegen.

ZAHLENDETEKTIVE

Zahlenkärtchen, Triangel

Je nach Kenntnisstand und Alter der Teilnehmer werden Pappkärtchen mit Ziffern im Zahlenraum von 1 bis 5 oder von 1 bis 10 beschriftet und an die Kinder verteilt. Während langsame, deutliche Schläge der Triangel erfolgen, zählen alle Kinder leise oder in Gedanken mit. Folgt kein weiterer Schlag, zeigen sie die entsprechende Zahlenkarte hoch. Wer hat genau mitgezählt und hält die richtige Zahlenkarte in die Höhe?

Varianten

- mit den Fingern mitzählen
- Teppichfliesen mit Zahlen beschriften und die passende Zahl suchen
- nach den Klängen der Triangel klatschen
- mit Klangstäben, Trommeln usw. Anzahl der vorgegebenen Schläge wiederholen

Es waren zwei Töne

DAS GEGENTEIL-LIED

Bei diesem Lied beschäftigen sich die Kinder mit gegensätzlichen Eigenschaften wie groß und klein, dick und dünn, ängstlich und mutig beziehungsweise mit deren Steigerungsformen. Dies kann zum Anlass genommen werden, um weitere Beispiele zu suchen, z. B. langer Hals und kurzer Hals. Wessen Hals ist länger? Der Pferdhals oder der Giraffenhals?

Das Gegenteil-Lied

2. Der Elefant ist uns bekannt
als ein ganz schweres Tier.
Die Maus dagegen, das ist klar,
ist leichter noch als wir.

3. Der Elefant ist uns bekannt
als ein recht dickes Tier.
Die Maus dagegen, das ist klar,
ist dünner noch als wir.

4. Der Elefant ist uns bekannt
als ein ängstliches Tier.
Die Maus dagegen manchmal ist
viel mutiger als wir.

5. Der Elefant ist uns bekannt
als ein sehr lautes Tier.
Die Maus dagegen, das ist klar,
ist leiser noch als wir.

GEGENTEILE SUCHEN – WAS PASST ZUSAMMEN?

Gegenstände, die sich in ihren Eigenschaften gegensätzlich unterscheiden, z. B. Schaumstoff und Stein (weich/hart), Dose mit und ohne Inhalt (voll/leer), Zitrone und Zucker (sauer/süß), Triangel und Trommel (leise/laut), Ball und Würfel (rund/eckig)

Die Gegenstände liegen für alle gut sichtbar in der Mitte des Stuhlkreises. Gemeinsam wird alles beschrieben und benannt. Wie fühlt sich das an? Welche Eigenschaften haben die Gegenstände? Nach und nach werden alle Gegensatzpaare zugeordnet, dabei sind auch unterschiedliche Kombinationen möglich. Eine Trommel kann beispielsweise leise und laut oder schnell und langsam bespielt werden.

Varianten

- Vergleichssätze bilden: „Der Elefant ist größer als die Maus.“, „Die Feder ist genauso leicht wie die Seide.“
- Gegenstände an die Kinder verteilen; die Gegensatzpaare finden sich zusammen
- Materialien sind im Tastbeutel und werden mit geschlossenen Augen gezogen und beschrieben

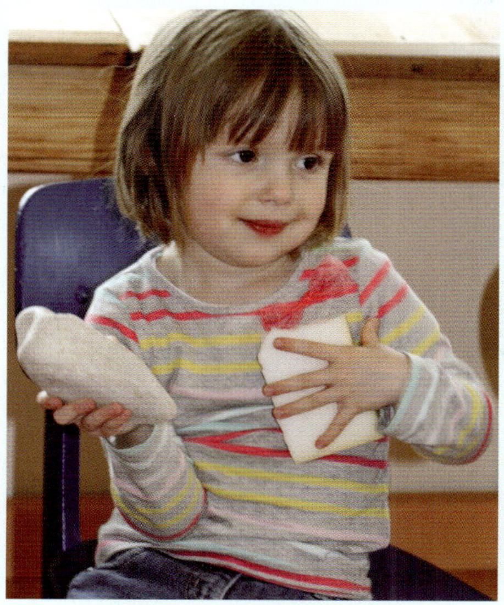

Der Stein ist schwerer als der Schaumstoff

„Antonyme“ werden Wörter mit gegensätzlicher Bedeutung genannt, z. B. hell und dunkel, leicht und schwer, dick und dünn.

Schon gewusst?

MERKLIED

Dieses Lied fördert die Merkfähigkeit der Kinder. Je öfter sie es gemeinsam singen, desto leichter wird der Text sich festigen. Reimen Sie doch mit den Kindern zusammen weiter und ergänzen das Lied um weitere Gegenstände. Entsprechend gezeigte Bildkarten helfen besonders den Jüngsten, sich den langen Text besser zu merken.

Merklied

Refrain: Suchst du etwas ...

2. Eine braune Kuh und die Milch dazu.
Braune Kuh, Milch dazu.
Krumme Banane, Eis mit Sahne.

Refrain: Suchst du etwas ...

3. Ein hoher Turm und ein Regenwurm.
Hoher Turm, Regenwurm.
Braune Kuh, Milch dazu.
Krumme Banane, Eis mit Sahne.

Refrain: Suchst du etwas ...

4. Ein süßer Brei und ein Spiegelei.
Süßer Brei, Spiegelei.
Hoher Turm, Regenwurm.
Braune Kuh, Milch dazu.
Krumme Banane, Eis mit Sahne.

Refrain: Suchst du etwas ...

5. Ein Hosenknopf und ein alter Topf.
Hosenknopf, alter Topf.
Süßer Brei, Spiegelei.
Hoher Turm, Regenwurm.
Braune Kuh, Milch dazu.
Krumme Banane, Eis mit Sahne.

WAS LIEGT DARUNTER?

Leere Becher, verschiedene Gegenstände aus der Erfahrungswelt der Kinder: kleiner Ball, Spielzeug, Bilder, Radiergummi, Bilder usw.

Die Becher stehen mit der Öffnung nach unten auf dem Tisch. Unter jeden Becher wird nun im Beisein der Kinder ein Gegenstand gelegt und deutlich benannt. Je nach Alter und Konzentrationsfähigkeit der Mitspieler wird eine bestimmte Anzahl von Dingen versteckt. Die Kinder schauen sich die Gegenstände nun noch einmal an und verdecken diese dann schnell wieder.

Wer hat sich gemerkt, was unter den Bechern steckt?

Für jüngere Kinder können leicht transparente Becher verwendet werden, die erahnen lassen, was darunter liegt.

Um den Schwierigkeitsgrad zu steigern, können unter zwei Becher jeweils identische Gegenstände gelegt werden. Jeder Mitspieler muss nun zwei Becher anheben und nach den passenden Dingen suchen.

Hier war eine Blume versteckt

WAS FEHLT HIER?

Verschiedene Rhythmus- und Musikinstrumente, großes Tuch

Alle Instrumente werden in die Mitte des Sitzkreises gelegt. Die Kinder schauen sich alles ganz genau an und merken sich die Gegenstände. Nun schließen sie die Augen oder drehen sich um. Ein vorher gewähltes Kind entfernt nun ein Instrument und legt es hinter sich unter ein Tuch. Dabei muss es sehr vorsichtig vorgehen, um verräterische Klänge zu vermeiden.

Ich nehme etwas weg

Jetzt versuchen die Mitspieler herauszufinden, welches Instrument fehlt.

Schwieriger wird das Spiel, wenn mehrere gleiche Instrumente, beispielsweise Klangstäbe oder Rasseln ausliegen und die Kinder sich neben den Instrumenten auch die jeweilige Anzahl merken müssen.

GEBURTSTAGSORDEN

Der Geburtstag ist ein sehr wichtiger und besonderer Tag für jedes Kind. Mit diesem Geburtstagsorden wird das Kind besonders geschmückt und hervorgehoben.

Zwei runde Bierfilzscheiben, buntes Krepppapier, Glanzfolie, selbstklebende Zahl aus Filz, Schmucksteine, z. B. farbige Halbperlen, Geschenkband, Prickelnadel, Klebstoff, Schere

Geburtstagsorden

Zuerst die beiden Bierfilzscheiben mit Glanzfolie jeweils auf einer Seite bekleben. Farblich passendes Krepppapier wird in Streifen geschnitten und gerafft an einem Bierfilz rundum am Rand festgeklebt.

Nun beide Bierfilze so zusammenkleben, dass die glänzenden Seiten außen sind und das Krepppapier dazwischen liegt. Die Vorderseite mit der passenden Zahl bekleben und rundum mit Perlen dekorieren. Damit die Kinder sich ihren Geburtstagsorden umhängen können, wird oben mit einer Prickelnadel ein Loch durchgebohrt und ein entsprechend langes Geschenkband befestigt.

GEBURTSTAGSLIED

Mit dem nebenstehenden Ständchen und einem Geburtstagsorden als Geschenk, lässt die ganze Gruppe das Geburtstagskind hochleben.

Geburtstagslied

WIR MALEN EINEN REGENBOGEN

Weißes Papier (DIN A3), breite Schwammpinsel, Regenbogen-Malset, (alternativ Temperablöcke in Rot, Orange, Gelb, Grün, Blau und Lila), Plastikbehälter, Wasser

Den Schwammpinsel mit Wasser befeuchten und über die Farbblöcke des Regenbogen-Malsets ziehen. Wer kein Regenbogen-Malset zur Verfügung hat, kann alternativ mehrere Temperablöcke hintereinander in einem Plastikbehälter anordnen und mit dem nassen Schwammpinsel darüberstreichen. Nun den Schwammpinsel mit lockerem Schwung von links nach rechts im Halbkreis über das Papier ziehen, schon entsteht ein wunderschöner Regenbogen. Viele weitere Motive mit überraschenden Effekten lassen sich mit dieser Technik herstellen.

Regenbogen malen

Dabei kann folgender Vers gesprochen werden:

Wir malen einmal hin, wir malen einmal her.
Regenbogen malen, das ist gar nicht schwer.
Die Farben Gelb, Rot, Grün und Blau,
am Himmel sieht man sie genau.

Im Regenbogenland

FARBENTANZ

Musikstücke (klassische oder instrumentale Musik), große Papierbogen, Kreppklebeband, Fingerfarben oder Wachsmalkreiden, Malerkittel, Zeitungen als Unterlage

Malen nach Musik ist eine entspannende und kreative Möglichkeit, sich individuell in Farben und Formen auszudrücken. Die Musik fließt in die Bewegung ein, es entstehen Kreise, Linien, Wellenbewegungen und schöne Farbverläufe. Dabei kommt es nicht auf das entstandene Bild an, sondern auf das Erleben während des Malens.

Das Papier wird mit Klebefolie am Tisch befestigt und die Materialien liegen bereit.

Die Kinder hören sich das ausgewählte Musikstück zunächst an, um sich hineinzufühlen. Nun malen sie, begleitet von der Musik, in großzügigen Bewegungen Schwünge, Linien und weitere, individuelle Formen auf das Papier. Je mehr sie sich dabei auf das Musikstück einlassen können, desto mehr werden die Malbewegungen das Gehörte widerspiegeln.

Gesprächsimpulse

- Welcher Teil der Musik hat dir am besten gefallen?
- Warum hast du diese Farben ausgewählt?
- Was hast du dir beim Malen vorgestellt? Eine Landschaft? Eine besondere Situation?
- Kannst du am fertigen Bild noch einen Rhythmus oder Takt der Musik erkennen?

Tipp

Die Länge des ausgewählten Musikstücks hängt von der Ausdauer und Konzentrationsfähigkeit der beteiligten Kinder ab. Es eignen sich viele unterschiedliche Musikstücke für diese Aufgabe, zum Beispiel klassische Musik wie „Die Moldau" von Friedrich Smetana oder Klavierstücke von Antonio Vivaldi. „Die Schlittschuhläufer" von Emil Waldteufel lassen sich ebenso gut einsetzen wie instrumentale, meditative Arrangements.

MEINE SINNE

Das bewusste Erleben und Erfahren der Umwelt kann Kindern auf vielfältige Weise nähergebracht werden. Das Lied über die Sinne ist eine Möglichkeit, sich mit dem eigenen Körper sowie seinen Stärken und Schwächen auseinanderzusetzen. Auch weiterführende Fragen tauchen auf: Wie gut sehen wir im Vergleich zu einem Adler? Haben Hunde einen feineren Geruchssinn als wir Menschen? Können sich Tiere genauso gut verständigen wie wir?

Meine Sinne

2. Ich habe Ohren, damit höre ich.
Höre meine Umwelt ...

Refrain: Ich mag mich ...

3. Ich hab einen Mund, damit spreche ich.
Sprech mit meiner Umwelt ...

Refrain: Ich mag mich ...

4. Ich habe Hände, damit fühle ich.
Fühle meine Umwelt ...

Refrain: Ich mag mich ...

5. Ich hab 'ne Nase, damit rieche ich.
Rieche meine Umwelt ...

Refrain: Ich mag mich ...

TAST- UND HÖRSTRASSE

Lange Schnur, kleine Beutel oder Socken, Wäscheklammern, verschiedene Gegenstände und Materialien, wie zum Beispiel Folienpapier, Spielzeugtiere, Schlüssel, Styropor, Schwämme, kleine Glöckchen, geknülltes Zeitungspapier, Kieselsteine und vieles mehr

Durch den Raum wird quer eine Schnur gespannt. In die daran mit Wäscheklammern befestigten Socken oder Beutel werden die unterschiedlichen Materialien gesteckt. Die Kinder gehen an der Schnur entlang und betasten die verschiedenen Dinge und Materialien. Sie fühlen und lauschen. Was knistert da, was raschelt oder klingt? Wer errät, was in den Beuteln versteckt ist?

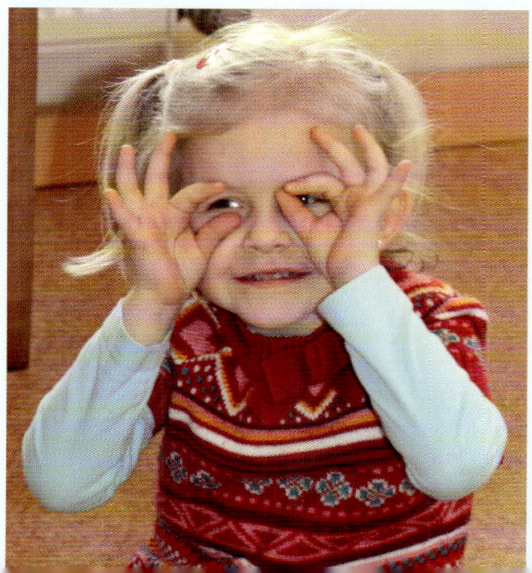

Mit meinen Augen sehe ich

GEISTERTANZ

Geister müssen nicht immer unheimlich wirken und Leute erschrecken. Der kleine Geist in diesem Lied ist ein gutes Beispiel dafür, dass es auch sympathische Geister gibt.

Geistertanz

Refrain: Ein kleiner Geist ...

2. Leute schrecken oder necken,
sich im Uhrenschrank verstecken.
All das mag er wirklich nicht ...

Refrain: Ein kleiner Geist ...

3. Gruslig kichern oder grollen,
das ist doch, was Geister sollen.
All das mag er wirklich nicht ...

DER LUSTIGE TANZGEIST

Luftpolsterfolie (Verpackungsmaterial), dunkles Tonpapier, Lackmaler, dicker, transparenter Klebefilm, Schere

Unser Geist aus Luftpolsterfolie tanzt zu diesem Lied besonders gerne in der Hand von Kindern mit. Der kleine Geist kann dabei auch surrende, knisternde und raschelnde Geräusche erzeugen, wenn er durch die Luft wirbelt.

Das Verpackungsmaterial wird an den Klebekanten für die Figur zurechtgeschnitten. Ob Kopf, Arme und Körper aus einer Folie zusammenhängend ausgeschnitten werden können, hängt von der Größe des Ausgangsmaterials ab und von der Größe der gewünschten Figur. Die benötigten Teile können auch einzeln aus verschiedenen Folien ausgeschnitten und mit Klebefilm verbunden werden. Haare entstehen durch zurechtgeschnittene Tonpapierstreifen, die passend am Kopf festgeklebt werden. Die Gesichtsmerkmale zeichnen die Kinder mit Lackmalern auf. Und schon kann der Geistertanz beginnen!

Luftpolstergeist

Es spukt und rasselt in der Nacht,
Geist Gudrun ist grad aufgewacht.
Sie fliegt gerade und mal quer,
lacht schaurig, hört nur alle her.
Huuuiiiiiih! Huuuiiiiiihh!

Tipp

Hängen Sie die Geister während der Tanzpausen im Flur auf. Bei jedem Luftzug wirbeln und tanzen diese Wesen dann selbstständig herum.

KRÜMELMONSTER-RAP

Gemeinsame Essenszeiten sind ein fester Bestandteil des Tagesablaufs. Mit diesem Lied macht sogar das gemeinsame Abräumen des Frühstückstischs oder das Zusammenkehren der Krümel am Boden großen Spaß. Und wenn einmal nicht die Schokokekse (wie in der ersten Strophe), sondern die Butterbrezel oder das Käsebrot bröseln, so mag das Krümelmonster sicher auch diese Speisen.

Krümelmonster-Rap

2. Streuselkuchen schmecken fein,
doch sie bröseln ungemein!

Refrain: Krä-Krö-Krümelmonster lacht ...

3. Knabbersachen schmecken fein,
doch sie bröseln ungemein.

Refrain: Krä-Krö-Krümelmonster lacht ...

NOTEN-COLLAGE

Unser Krümelmonster ist wirklich sehr gefräßig und liebt besonders Notenblätter. Einige Reste konnten gerade noch gerettet werden und daraus gestalten wir eine schöne Collage.

Weißes Papier (DIN A4), kopierte Notenblätter, bunte Papierreste, evtl. Filz- oder Karton-Buchstaben, Klebstoff, Schere

Die Kinder reißen und schneiden das vorhandene Material zurecht und legen diese Einzelteile auf das weiße Papier. Sind sie mit ihrer Anordnung zufrieden, wird alles festgeklebt. Wer mag, ergänzt sein Bild noch mit ausgeschnittenen Buchstaben.

Vor der Arbeit sollte den Kindern erklärt werden, dass Notenblätter, ähnlich wie Bücher, nicht einfach zerschnitten werden, sondern für diese Gestaltungsarbeit extra Kopien auf speziellem Papier vorbereitet wurden.

Tipp

Nicht nur durch diese Arbeit können die Kinder auf die Notenschrift aufmerksam gemacht werden. Meist lernen sie sehr schnell solche Zeichen als Bedeutungsträger zu erkennen. Besonders beeindruckend ist der Hinweis, dass diese Noten auf der ganzen Welt gleich geschrieben und umgesetzt werden. Das bedeutet, dass beispielsweise ein Kind aus Afrika mithilfe von Noten dasselbe Lied spielen kann wie die Kinder hier!

Wir tanzen im Kreis

DARSTELLUNG UND PANTOMIME

TANZ IM KREIS

Die Kinder stellen sich im Kreis auf und die Erzieherin singt die erste Strophe mit dazu passenden Bewegungen und Gesten vor. Im ersten Teil einer jeden Strophe klatschen und patschen die Kinder wie im Text beschrieben. Im zweiten Teil halten sie sich an den Händen, gehen im Kreis und stellen mit ihrer Mimik die genannten Stimmungen dar.

Zunächst wird im langsamen Tempo begonnen. Bei einer weiteren Runde kann das Tempo langsam gesteigert werden.

Tanz im Kreis

2. Klatschen ...
Gehen vor mit bösem Blick
und grimmig dann den Weg zurück.

3. Klatschen ...
Rechts herum mit frohem Mut,
ja, lauthals lachen tut so gut.

4. Klatschen ...
Links herum ganz aufgeregt,
die Gruppe sich im Kreis bewegt.

5. Klatschen ...
Müde sind wir, gebt jetzt acht:
Wir sinken auf den Boden sacht.

WIE GEHT ES DIR?

Gemeinsam überlegen die Kinder, welche Stimmungen sie kennen und wie man diese mit der Mimik und Körpersprache darstellen könnte.

Die Kinder gehen im Kreis, während Musik spielt. Bei Musikstopp suchen sie sich einen Partner und ein Kind fragt das andere „Wie geht es dir?“ Dieses antwortet darauf mit der ausgewählten Verfassung und verstärkt die Aussage durch seinen Gesichtsausdruck und die Körperhaltung. Auf diese Weise lernen Kinder, die Befindlichkeit sowie die Körpersprache anderer besser einzuschätzen.

Schon gewusst? *Die Pantomime ist ein Bühnenspiel, das ganz ohne Sprache auskommt und nur durch Mimik und Gestik wirkt. Häufig wird Musik als Untermalung eingesetzt. Diese Kunstform wurde bereits im Jahre 400 vor Christus im griechischen Sprachraum ausgeübt. Auch in der römischen Kaiserzeit waren pantomimische Darbietungen häufig anzutreffen und erfreuten sich großer Beliebtheit.*

Beispiele: Ich bin müde (schmale Augen, gähnen). Ich bin aufgeregt (unruhiges Hin- und Herzappeln). Ich bin fröhlich (lachen, positiver Ausdruck). Ich bin traurig (nach unten gezogene Mundwinkel, hängende Schultern). Ich habe mich erschreckt (aufgerissene Augen, offener Mund). Ich bin wütend (mit dem Fuß aufstampfen, grimmige Miene).

ELEGANTE TIERWELT

Typische Körpermerkmale oder Bewegungen eines Tieres pantomimisch darzustellen ist für Kinder immer reizvoll. Diese kurze Tiergeschichte singend und darstellerisch zu erzählen, erfordert zwar etwas Übung, bringt neben neuen Bewegungserfahrungen aber auch viel Spaß mit sich. Es ist ratsam, dass Liedtext und Bewegungen zunächst separat geprobt werden.

Gesprächsimpulse

- Was bedeutet „elegant"?
- Welche Tiere im Lied finden wir in unserer Heimat?
- Wo leben die anderen Tiere?
- In welcher Behausung leben diese Tiere?
- Wovon ernähren sie sich?
- Welche Tiere sind gefährdet?
- Wie können solche Tiere geschützt werden?

Elegante Tierwelt

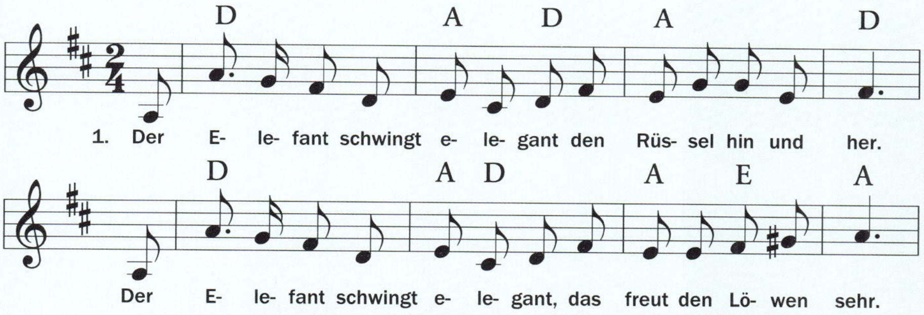

(mit den Armen einen Rüssel bilden und hin- und herschwingen)

Ich bin ein eleganter Storch

2. Der Löwe schüttelt elegant
die Mähne hin und her.
Der Löwe schüttelt elegant,
das freut den Storch gar sehr.
(Hände mit gespreizten Fingern als Mähne an den Kopf legen und den Kopf mit der Löwenmähne schütteln)

3. Der Storch, der schreitet elegant
am Ufer hin und her.
Der Storch, der schreitet elegant,
das freut den Frosch nicht sehr.
(Hände auf den Rücken legen und mit hochgezogenen Knien durch den Raum schreiten)

(durch den Raum hüpfen und beim letzten Wort „Teich" in der tiefen Hocke verweilen)

DIE TIERE GEHEN SO

Die Kinder gehen den Refrain singend im Kreis, wobei die Erzieherin mit einem Schlaginstrument, z. B. Handtrommel, Schellenkranz, das Grundtempo vorgibt. Anschließend bleiben die Kinder stehen und treten, je nach Aufgabenstellung, rhythmisch auf der Stelle.

Tipp

Während der Umsetzung können die Kinder mit eigenen Überlegungen, Ideen und Vorschlägen mit einbezogen werden. So könnte jedes Kind ein Tier nennen und passende Bewegungen vorgeben. Anschließend bietet es sich an, über unterschiedliche Bewegungsarten zu reden: schleichen, rennen, springen, trampeln etc.

Die Tiere gehen so

Nach jedem gesungenen Refrain schließt sich eine Frage an:
„Wie geht denn der **Elefant**?"
Der Elefant, der geht so: stampf, stampf

„Wie geht denn der **Büffel**?"
Der Büffel, der geht so: tramp, tramp

„Wie geht denn das **Pferd**?"
Das Pferd, das geht so: trip-trap, trip-trap

„Wie geht denn das **Reh**?"
Das Reh, das geht so: trip-pel-di-trap, trip-pel-di-trap

„Wie geht denn die **Maus**?"
Die Maus, die geht so: tip-tip-tip, tip-tip-tip

„Wie geht denn die **Ameise**?"
Die Ameise, die geht so: tip-pel-di, tip-pel-di

Der Elefant geht so

BAUMSTAMM-SÄGEREI

Bei diesem Spiel ist Teamarbeit gefragt, da die Kinder ihren Bewegungs- und Sprachrhythmus aufeinander abstimmen müssen. Die Kinder stellen sich im Kreis mit Handfassung auf. Zuerst wird nur rhythmisch gesprochen oder der Vers gesungen. Später wird das Ganze mit Bewegungen unterstrichen, indem die Kinder Sägebewegungen nachahmen.

Alle Kinder stellen gleichzeitig zu folgendem Vers pantomimisch eine Sägebewegung dar, indem sie ihre rechte Hand strecken und die linke Hand anziehen, danach die linke Hand strecken und die rechte Hand anziehen. Nach jeder Verszeile erfolgt eine kurze Pause. Beim zweiten Versdurchgang wird die Sprech- und Bewegungsgeschwindigkeit erhöht.

Baumstamm-Sägerei

2. Säge schneller, immer schneller, säg mit aller Macht.
Säge schneller, immer schneller, doch gib dabei acht.
Ritze ratze ...

Tipp

Die Kinder können das Sägen auch paarweise darstellen, indem sich immer zwei Kinder einander gegenüber aufstellen und sich an den Händen festhalten. Dann beginnen sie die Sägebewegung, indem sie gleichzeitig ihre rechte Hand strecken und die linke Hand anziehen.

Gesprächsimpulse

- Wieso werden Bäume gefällt?
- Was braucht ein Baum zum Wachsen?
- Wie lange dauert es, bis ein Baum nachwächst?
- Wie wichtig ist der Wald für Menschen, Tiere und Umwelt?

Wir sägen einen Baumstamm

KROKODIL-SONG

Bei diesem Lied bewegen sich die Kinder frei im Raum und führen die angegebenen Bewegungen aus. Der Text sollte jedoch zuvor schon einige Male gesungen worden sein, damit sich die Kinder auf die pantomimische Darstellung konzentrieren können.

Alternativ dazu könnten die Kinder in eine Gesangs- und eine Tanzgruppe eingeteilt werden, die beim Wiederholen des Liedes ihre Aufgaben wechseln.

Das Krokodil schwimmt im Fluss

Krokodil-Song

1. Kri-Kra-Krokodil
(mit den Armen das Krokodilmaul darstellen, langsam öffnen und schließen)
klappert mit den Zähnen.
(die Handflächen zusammen und die Fingerspitzen als Zähne aufeinanderlegen, schnell öffnen und schließen)
Kri-Kra-Krokodil
(das Krokodilmaul langsam öffnen und schließen)
ist müde und muss gähnen.
(Kopf zur Seite legen, Wange auf die Hände und gähnen)

Schon gewusst? *Krokodile können je nach Art etwa 6 m lang und rund 1 000 Kilogramm schwer werden. In Gefangenschaft erreichen sie nicht selten ein Alter von über 60 Jahren.*

2. Kri-Kra-Krokodil isst gerne Mäusespeck.
(Finger an den Mund führen)
Kri-Kra-Krokodil, das mag auch Bärendreck.
(mit einer Hand am Bauch kreisen)

3. Kri-Kra-Krokodil geht heut zur Wiese.
(auf der Stelle gehen)
Kri-Kra-Krokodil tanzt mit der Kuh Elise.
(Arme vor dem Körper verschränken, mit dem Oberkörper hin-, und herschaukeln)

4. Kri-Kra-Krokodil schwimmt im Fluss ganz munter.
(Schwimmbewegungen mit den Armen)
Kri-Kra-Krokodil taucht dann plötzlich unter.
(auf dem Boden in die Hocke gehen oder sich flach hinlegen)